Quando eu tô tristinha

When I Am Gloomy

Sam Sagolski
Ilustrado por Daria Smyslova

www.kidkiddos.com
Copyright ©2025 by KidKiddos Books Ltd.
support@kidkiddos.com

Translated from English by Milena Rocha
Traduzido do inglês por Milena Rocha

Library and Archives Canada Cataloguing in Publication
When I Am Gloomy (Brazilian Portuguese English Bilingual edition)/Shelley Admont
ISBN: 978-1-83416-528-8 paperback
ISBN: 978-1-83416-529-5 hardcover
ISBN: 978-1-83416-527-1 eBook

Please note that the Brazilian Portuguese and English versions of the story have been written to be as close as possible. However, in some cases they differ in order to accommodate nuances and fluidity of each language.

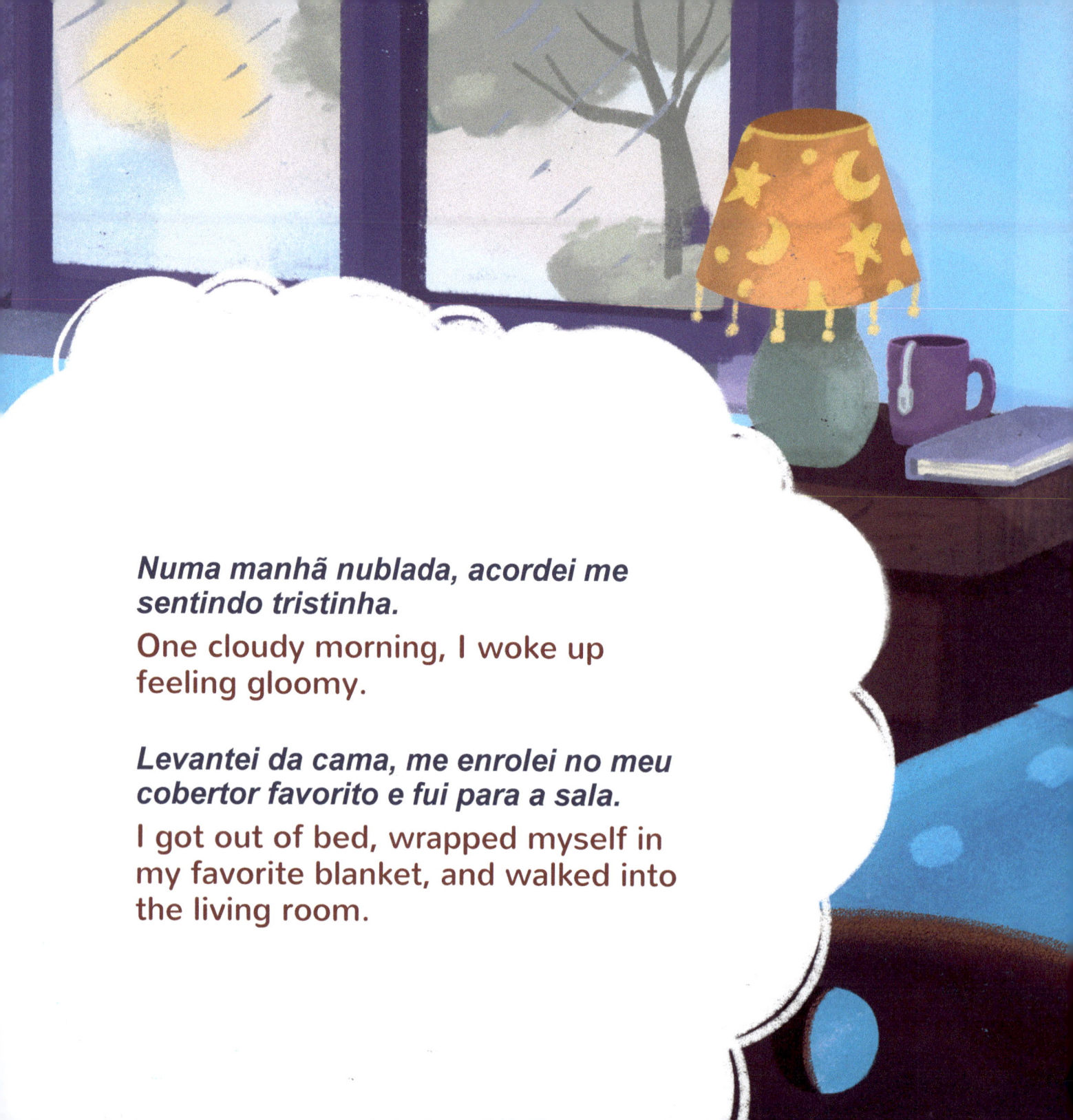

Numa manhã nublada, acordei me sentindo tristinha.

One cloudy morning, I woke up feeling gloomy.

Levantei da cama, me enrolei no meu cobertor favorito e fui para a sala.

I got out of bed, wrapped myself in my favorite blanket, and walked into the living room.

"Mamãe!" chamei. "Eu tô de mau humor."

"Mommy!" I called. "I'm in a bad mood."

Mamãe levantou os olhos do livro. "Mau humor? Por que você diz isso, querida?" perguntou ela.

Mom looked up from her book. "Bad? Why do you say that, darling?" she asked.

"Olha o meu rosto!" eu disse, apontando para as minhas sobrancelhas franzidas. Mamãe sorriu com carinho.

"Look at my face!" I said, pointing to my furrowed brows. Mom smiled gently.

"Meu rosto não tá feliz hoje," murmurei. "Você ainda me ama quando eu tô tristinha?

"I don't have a happy face today," I mumbled. "Do you still love me when I'm gloomy?"

"Claro que eu te amo," disse Mamãe. "Quando você tá tristinha, eu quero ficar pertinho, te dar um abração e te animar."

"Of course I do," Mom said. "When you're gloomy, I want to be close to you, give you a big hug, and cheer you up."

Isso me fez sentir um pouco melhor, mas só por um segundo, porque aí comecei a pensar em todos os meus outros sentimentos.

That made me feel a little better, but only for a second, because then I started thinking about all my other moods.

"Então... você ainda me ama quando eu tô brava?"
"So... do you still love me when I'm angry?"

Mamãe sorriu de novo. "Claro que sim!"
Mom smiled again. "Of course I do!"

"Tem certeza?" perguntei, cruzando os braços.

"Are you sure?" I asked, crossing my arms.

"Mesmo quando você tá brava, eu ainda sou sua mãe. E te amo do mesmo jeitinho."

"Even when you're mad, I'm still your mom. And I love you just the same."

Respirei fundo. "E quando eu tô tímida?" sussurrei.

I took a big breath. "What about when I'm shy?" I whispered.

"Eu também te amo quando você tá tímida," disse ela. "Lembra quando se escondeu atrás de mim e não quis conversar com o vizinho novo?"

"I love you when you're shy too," she said. "Remember when you hid behind me and didn't want to talk to the new neighbor?"

Eu fiz que sim com a cabeça. Eu lembrava bem.

I nodded. I remembered it well.

"E aí você disse oi e fez um novo amigo. Eu fiquei tão orgulhosa de você."

"And then you said hello and made a new friend. I was so proud of you."

"Você ainda me ama quando eu faço muitas perguntas?"
continuei.

"Do you still love me when I ask too many questions?"
I continued.

"Quando você faz muitas perguntas, como agora, eu
posso te ver aprendendo coisas novas que te deixam
mais esperta e forte a cada dia," respondeu Mamãe.
"E sim, eu ainda te amo."

"When you ask a lot of questions, like now, I get to
watch you learn new things that make you smarter
and stronger every day," Mom answered. "And yes,
I still love you."

"E se eu não tiver vontade de conversar?" continuei perguntando.

"What if I don't feel like talking at all?" I continued asking.

"Vem cá," disse ela. Eu me sentei no colo da mamãe e deitei minha cabeça no seu ombro.

"Come here," she said. I climbed into her lap and rested my head on her shoulder.

"Quando não quer conversar e só quer ficar quietinha, você começa a usar a sua imaginação. Eu adoro ver o que você inventa," respondeu Mamãe.

"When you don't feel like talking and just want to be quiet, you start using your imagination. I love seeing what you create," Mom answered.

Então, ela sussurrou no meu ouvido: "Eu também te amo quando você tá quietinha."

Then she whispered in my ear, "I love you when you're quiet too."

"Mas você ainda me ama quando eu tô com medo?" perguntei.

"But do you still love me when I'm afraid?" I asked.

"Sempre," disse Mamãe. "Quando você tá com medo, eu te ajudo a olhar se tem algum monstro embaixo da cama ou dentro do armário."

"Always," said Mom. "When you're scared, I help you check that there are no monsters under the bed or in the closet."

Ela me deu um beijo na testa. "Você é tão corajosa, meu amor."

She kissed me on the forehead. "You are so brave, my sweetheart."

"E quando você tá cansada," disse ela baixinho, "eu te cubro com seu cobertor, te dou seu ursinho e canto nossa canção especial."

"And when you're tired," she added softly, "I cover you with your blanket, bring you your teddy bear, and sing you our special song."

"E se eu tiver muita energia?" perguntei, me levantando num pulo.

"What if I have too much energy?" I asked, jumping to my feet.

Ela riu. "Quando você tá cheia de energia, a gente anda de bicicleta, pula corda ou corre lá fora. Eu amo fazer tudo isso com você!"

She laughed. "When you're full of energy, we go biking, skip rope, or run around outside together. I love doing all those things with you!"

"Mas você me ama quando eu não quero comer brócolis?" coloquei a língua para fora.

"But do you love me when I don't want to eat broccoli?" I stuck out my tongue.

Mamãe riu. "Igual àquela vez que você deu seus brócolis pro Max? Ele adorou."

Mom chuckled. "Like that time you slipped your broccoli to Max? He liked it a lot."

"Você viu?" perguntei.
"You saw that?" I asked.

"Claro que vi. E mesmo assim, eu ainda te amo."
"Of course I did. And I still love you, even then."

Pensei por um momento e, então, fiz uma última pergunta:
I thought for a moment, then asked one last question:

"Mamãe, se você me ama quando eu tô tristinha ou brava... você ainda me ama quando eu tô feliz?"
"Mommy, if you love me when I'm gloomy or mad...
do you still love me when I'm happy?"

"Ah, minha querida," disse ela, me abraçando de novo, "quando você tá feliz, eu também fico."
"Oh, sweetheart," she said, hugging me again, "when you're happy, I'm happy too."

Ela me deu um beijo na testa e acrescentou: "Eu te amo quando você tá feliz do mesmo jeito que te amo quando tá triste, brava, tímida ou cansada."
She kissed me on the forehead and added, "I love you when you're happy just as much as I love you when you're sad, or mad, or shy, or tired."

Eu me aconcheguei no colo dela e sorri. "Então... você me ama o tempo todo?" perguntei.

I snuggled close and smiled. "So... you love me all the time?" I asked.

"O tempo todo," disse ela. "A cada sentimento, a cada dia... eu te amo sempre."

"All the time," she said. "Every mood, every day, I love you always."

Enquanto ela falava, comecei a sentir um quentinho no coração.

As she spoke, I started feeling something warm in my heart.

Olhei para fora e vi as nuvens flutuando para longe. O céu estava ficando azul e o sol apareceu.

I looked outside and saw the clouds floating away. The sky was turning blue, and the sun came out.

Parece que o dia ia ser lindo, afinal.

It looked like it was going to be a beautiful day after all.